꽃잎 나비

정규순 시집

그림 정창주

꽃잎 나비

- 지은이 / 정규순
- 발행처 / 도서출판 고글
- 발행인 / 연규석
- 초판 발행 / 2018년 5월 8일
- 주소 / 서울특별시 용산구 한강로 2가 144-2
- 전화 / 02) 794-4490
- E-mail / jung4710@hanmail.net

값 12,000원
※ 잘못된 책은 바꾸어 드립니다.

ISBN 979-11-85213-57-6

꽃잎 나비

‖ 시인의 말 ‖

  토목 현장에서 사회생활을 시작하여 젊은 시절을 보내고 현재도 건설인으로 살아가고 있다. 거친 들판과 산을 다독이며 터널을 뚫어 새로운 길을 내고 거친 파도와 숨고르기를 하며 항만시설을 건설하는 여정에 투박하고 억센 자연과 환경에 직면하는 가운데서도 따뜻한 순간과 시리게 다가오는 부대낌 그리고 함께하는 사람들의 아름다움을 토목인의 가슴에 안아 보고자 하였다.

  사나웠던 바다가 때론 비단 바다로 다가와 주고 땀범벅이던 산중에서 꽃잎 나비를 만나 위로를 받았다. 어느 날은 타워크레인 도르래를 보며 힘겹게 일하는 아저씨의 무거운 어깨가 눈물겨웠고 허전한 가슴에 바람이 들어오는 날 현장 거푸집에서 어머니를 보았다.

  앞으로도 현장의 삶과 느낌을 풀꽃에 담고 하늘에 그려 보고자 한다.

  미흡한 부분이 많은데도 작은 행복의 글을 쓰게 해 준 부모님과 늘 힘이 되어 준 참 좋은 친구들 그리고 계속 시를 쓰게 응원해 준 고마운 가족과 모든 분들께 감사드린다.

2018. 5. 8
전주천변에서
정규순

목차

1부

군산항 뻘게 / 10
창호지 문 / 12
아기바람 / 13
반갑습니다 / 14
봄볕 줍기 / 16
들리니 / 17
빗물이 된 별 / 18
새벽 별 이야기 / 19
초록아 / 20
바람 붓 / 21
바람이 되어 / 22
개구리 소리는 똑 같지 않다 / 23
고독 / 24
갈대의 순정 / 25
그리움 삼킨 달 / 26
그림자 찾기 / 27
꽃처럼 눈을 뜨는 건 / 28
가을바람 / 29
겨울 태양 / 30
선물 / 31
풀벌레 기도 / 32
비자림에서 / 33
산새가 되고 싶다 / 34
외로운 달 / 35
오미자 사랑 / 36
겨울바람 / 37
풀벌레 향기 / 38
매화는 / 39

2부

비단 바다를 보며 / 42
물고기의 기도 / 44
아! 당신 / 45
빈 배 / 46
옹이 / 47
갈매기의 춤 / 48
갯뻘 편지 / 49
하늘 강 구름 배 / 50
하늘이 가을에 말하네 / 51
봄소식 / 52
동네 목욕탕(봄) / 53
마음 / 54
별이 되어 / 55
겨울 바다 / 56
숲의 노래 / 57
약속 / 58
잠꾸러기를 놀라게 한 봄볕 / 59
용 비늘 달기(방파제 공사) / 60
첫눈 / 61
파란 마음 / 62
풀꽃 / 63
구름에 누운 달 / 64
뚝 방 길 황소 / 65
밤 비 / 66
꽃이 진다 / 67
꽃잎 나비 / 68
달빛 속삭임 / 70
별꽃이 되어 / 71
바다가 운다 / 72

3부

거푸집 / 74
도르래 도르래 / 75
격포항 등대 / 76
터널 굴착 / 77
먹통 / 78
못 / 79
못 빼는 아주머니 / 80
핏줄에 전원을 꼽고 / 82
머리 잃은 돌 / 83
상념 / 84
계선주 / 85
광화문光花文 / 86
서리 / 88
비가 운다 / 90
인생 단풍 / 91
노란 눈물 / 92
차바퀴 인생 / 94
입춘 너에게 묻는다 / 95
팽목 호두 / 96
가을이 옷을 벗는다 / 98
풀벌레가 된 매미 / 100
한번 주면 정이 없단다 / 101
파이프 위 새 / 102
차선 / 103
말발굽 구두 / 104
산 그림자 / 105
설야주雪夜酒 / 106
채반 생선 / 107

4부

제비꽃 엄니 / 110
첨성대 / 117
고향 집 / 118
뭐라 했지 / 119
소리 / 120
결혼 기념일 / 121
꽃 친구 / 122
고향의 별 / 124
넌 나였구나 / 126
눈물이 나요 / 127
떡갈나무 할머니 / 128
아내가 뿔났다 / 129
바보가 된 아버지 / 130
연탄 소주 / 131
아버지는 텔레비전이 좋아서
   켜는 줄 알았습니다 / 132
박스 할머니 / 134
얼룩 의자 / 136
참 염치없다 / 137
어머니를 부른다 / 138
호롱불 / 140
빈 자리 / 141
커피 향 친구 / 142
고기 맛 이런 맛 / 144
한밤에 찾아 온 비 / 146
대숲 노래 / 147
기다릴까 / 148

❏ 서평 | 시인 정성수

1부
군산항 뻘게

군산항 뻘게

바닷물 빠져 나간 금강 하구
뻘게들이 뻘밭을 뒤지고 있다

일본으로 가는 산더미 쌀가마에 눌려
부들부들 떨리는 다리 작대기로 받치고
허기진 배 공갈빵처럼 부풀려도
창자는 달라붙고 등짝은 피 범벅이었다

등짐지고 허덕이던 아픔
부러진 다리에 철심 같이 박혀
검은 뻘밭을 뒤지고 있는데
배곯던 소리는 어느새 녹이 슬었다

쉼 없이 일 하고 굽은 다리 사이로
벌개 진 콧 망울 뽕긋 부풀어 오르는 건
주린 배 움켜쥐고 견딘 희망이다

거친 파도 이겨 내고 꿋꿋이 살아난 뻘게
눈물의 역사 바람에 날린 채
바삭바삭 단맛 나는 세상을 맛본다

군산항 뻘게 그때를 못 잊고
오늘도 뻘밭을 뒤지고 있다

창호지 문

작은 바람에도 떨고 꽃향기에 물들다
가랑비 울음에 넋을 잃고 아파하네

시 한 구절에 얼굴 붉어지고
두 손 모은 기도에 눈물 나
벅찬 노래 부르는 창호지 문

바늘 바람에도 등잔불 꺼질까
별빛 달빛 소리에 고운님 깰세라
문풍지 울릴까 조바심 내는
창호지
창호지 문

아기바람

따사한 토담에 기대
조는 아기바람
엄마 품에 안겨 냠냠 거리고
쌔근쌔근 잠결에 젖을 더듬다
햇살에 녹아 꿈나라 간다

반갑습니다

바람 구르는 소리만 나도 문틈으로 밖을 보고
늙은 대문 삐걱하고 헛기침만 해도 버선발로 뛰쳐나가
반백년 만나지 못한 자식을 기다리는 어머니

백두에서 한라의 등줄기가 얼어붙었다
한강 대동강 낙동강 압록강엔 피가 흐르지 않고
지리산 금강산 설악산 묘향산엔 꽃이 피지 않는다면
어디서 어떻게 살고 있는 건가 죽어있는가

두만강 얼음 한 조각 금강에 안겨
남과 북의 합수 삼천리강산에 흐르고
경상도 가시내 함경도 떠꺼머리총각 반갑습니다
눈빛 나누며 사는 신나는 세상이 있다

철조망 감시망도 없는
푸른 산길 들길을 휘파람 불며
너의 가슴에 나비처럼 나의 마음에 바람처럼
서로 서로 반갑게 반갑게 찾아 들자

실버들 물들면 금방 올 것 같아
두근대는 떨림에 호수 물을 가득 담는다
오래 그리워 반갑고 많이 보고 싶은
너라서 더 반갑다

어서 와라 내 강아지
남과 북이 함께 나누는 깊은 포옹 뜨거운 입김이
금수강산에 꽃밭을 만든다

반갑습니다
한마디에 눈시울이 붉어진다

봄볕 줍기

하얀 벚꽃 잎 햇살에 버무려
숲속에 목련 밥상 차리고
온종일 꽃 소식에 춤을 추다
잠에 겨워 나무에 기댄 새벽 달

꽃잎 바람 두 팔 벌려 큰 웃음으로 반기며
나풀나풀 내리는 하늘에 안긴다

고향 찾은 아낙은
동백 아가씨 콧노래 흥얼거리며
밭고랑 씀바귀 캐다
봄볕이 누워있는 언덕에서 쑥을 딴다

봄볕을 줍는다

들리니

들리니

들리니
은행나무 밑
애기 똥 떨어지는 소리가

들리니
노랑 물 적시며 깔깔 대는 소리가

들리니
한 잎 한 잎 떨구며
그리움 숨기는 소리가

들리니
다시 만나자 외치는 소리가

들리니
바람 따라 우는 노랑 울음이

들리니

빗물이 된 별

하늘 저편 사랑과 그리움
빗방울로 내려 와
주르륵 주르륵 앞을 막아서네

처마 끝에 병풍 치고
발가락 간질이는 소곤거림은
어느새 별이 되어
동글한 눈웃음치며 가슴으로 흐른다

새벽 별 이야기

은하수 다리에서 재잘거리다
밤잠 설친 저 별
고운님 꿈속이라
침만 꿀꺽꿀꺽 말 못하고
창문에 매달려 어찌할 줄 모르네

이슬에 젖을까
달빛으로 풀어 쓴 새벽 이야기
유리창에 하나하나 붙이고
바람 타고 훌쩍 산을 넘는다

초록아

병든 황소처럼 누워 있는 산
너로 인해 눈망울 크게 뜨고 벌떡 일어나 듯
나도 너를 보며 얼어붙던 살점에
맑은 피가 흘러 생기가 돈다

오래 오래 보고 싶던
초록아
너를 만나니 하늘이 맑아지고
삐식삐식 터지는 웃음 숨기며 달릴 수 있구나

천년을 가도 변함없을
초록아
너를 생각하면 힘이 나고
너를 보는 것은 희열이다

내 눈엔 오직 너만이 초록이다

네 머리칼 사이로
쏟아지는 햇살 보듬고
나는 눈을 감는다

바람 붓

쪽 창 하늘 캔버스
보고프면 보고픈 대로
그리우면 그리운 대로
가는 듯 머문 듯
창가에 걸쳐 앉아 바람 춤을 추네

꽃이 좋아 꽃 그림으로
달이 좋아 달 그림으로
너울너울 춤추며
마음 가는 대로 몸이 가는 대로
바람 붓을 날린다

치마끈 붙잡은 바람
번민은 구름 저편에 흩뿌리고
말 못한 애끊는 그리움 한 올 한 올 새기며
하늘 캔버스에 바람 붓이 춤을 춘다

바람이 되어

바람이 되어
실타래처럼 얽힌
가슴팍
구름 위에 뿌려 봅니다

바람이 되어
꿈나라 여행길 그대 창문
소리 없이
두드려 봅니다

바람이 되어
총총 걸음 노랑 병아리 춤사위
함께 걸어 봅니다

바람이 되어
문고리 주위 뱅뱅 돌다
문풍지 사이에 숨어
가냘피 웁니다

개구리 소리는 똑 같지 않다

순창군 쌍치면 논두렁 비닐하우스 방
시원한 바람이 골을 타고 복분자 밭을 건너
하루 내 뙤약볕과 씨름한 등골과 사지를 간지른다

으이 좋다
어어 시원하다
휴우 편안하다

쏟아지던 땀방울은 별이 되어
노곤한 가슴에 촘촘히 떨어지고
열기 가득 안아 주던 산은
가벼운 포대기 되어 머리에 앉는다

들판 개구리 누굴 찾아 우는 걸까
어떤 놈은 다리 꼬고 여유 있는 소리로
어떤 놈은 뭐가 그리 애가 타는지 숨 넘어 가는 소리로 울어
구름 너머 그리움 미간에 모은다

개구리 소리는 하나가 아니다
개구리 소리는 똑 같지 않다

고독

잎새 끝에 매달린 빗방울
호흡을 정지하고 멈추었다
끝과 끝의 결별의 순간
무얼 놓아야 하나

목탁 소리 산을 움직이고
한줄기 바람 폭풍으로 다가온다
계곡 물 소리 천둥으로 울리는 밤
별도 스러지고 어둠만 남았다

도시가 산중이고
방안이 절간이다
군중이 침묵이고
가족이 구만리다

이불 푹 끌어 덮고
질끈 눈을 감는다

갈대의 순정

헝클어진 머리칼
고개 푹 숙인 채
스륵스륵 우는 갈대

청둥오리 푸다닥 날아오를 때
꺼이꺼이 울어도 되련만
꿀꺽 꿀꺽 마른 침 삼키며 숨죽여 운다

눈물로 꽉 찬 가슴
먼 약속 기다리며
들썩들썩 스치는 바람에
또 운다

흔들리는 게 아니라 울고 있다는 걸
그는 알련가

그리움 삼킨 달

뻘밭 뒤적이는 저 검은 새
무얼 숨기는 걸까
무얼 찾고 있는 걸까

허기진 갈증에 퍽퍽
물어뜯긴 수박처럼
애닯은 사연에 녹은 달
하얀 껍질만 남았네

남은 달 뻘밭에 숨길까
삼킨 달 바람에 띄울까

그리움은 달을 삼키고
구름은 눈물처럼 흐른다

그림자 찾기

네가 보고 싶어 벌떡 일어나

해질녘 오솔길 낙엽 속을 눈길로 뒤지며
너 없는 네 그림자 찾아 오르다

모퉁이 소나무에 기대
너의 향기를 찾고
산 말랭이 올라
네 얼굴 떠 올린다

산그늘 쓸쓸한 의자에 앉아
두 팔 벌려 네 그림자 안아 보다 나서는 허전한 길을
오동나무 앙상한 그림자 앞을 막아선다

한참을 멍하니 널 보다가

바람에 지워진 네 그림자
낙엽이 또 지워 찾지 못해
내 그림자에 네 그림자 업고
산길을 간다

꽃처럼 눈을 뜨는 건

꽃은
열병을 앓다
제비 새끼 목젖 떨 듯
핀다

꽃은

보고 싶어
죽을 것 같은 순간
자궁을 나오는 울음처럼
핀다

내가
꽃처럼 눈을 뜨는 건
너를 향한
간절한 기도이다

가을바람

토막 난 가을이 낙엽에 붙어
어지럽게 뒹굴고 숨소리도 그렁그렁 짧아 졌다

작아지는 그림자처럼
나에 대한 생각도 조금씩 지워지나
겨드랑이 파고드는 스산한 바람에
너는 한발씩 멀어져 가는구나

고운 햇살 다가와 너인가 반가워 고개 들면
어느새 또 저만치 가네

내가 감당해야 할 일이기에
새롭게 다시 올 널 기다리며
찬 눈물로 파르르 너를 보낸다

겨울 태양

어둡다고 볼 수 없나요
산이 높다고 갈 수 없나요

더 뜨겁게 타올라 어둠을 헤치고 갈래요
스산한 바람 무섭다 울지 말아요
큰 소리로 당신을 부르면 산도 춤을 출거에요

춥다고 숨지 말고 혼자 있다 슬퍼 말아요
어디든지 가서 함께 할 난
당신의 태양입니다

선물

양지 바른 토방에 앉아 강아지 쓰다듬는 어머니
제 살길 찾아 떠난 자식 보고 싶어
흙 마당에 그리고 또 지운다

객지에서 온다는 전화에
가마솥에 십자가 그리며 지성 들여 별밥 짓고
달챙이로 쓱쓱 긁어 좋아하던 깜밥도 만든다

급히 먹으면 목 맺힐까
조갯살 듬뿍 넣어 미역국 끓이고
남새밭 나물 반찬에 아껴둔 갈비 찌고 통깨 솔솔 뿌려
부리나케 한 상을 차린다

한 숫깔 뜨면 빙그레 쳐다보고
한 입 먹을 때 마다 끄덕이시며
한 사발 치우면 더 먹어라 더 먹어라

봄꽃 정성 담아 안겨준 밥상
온 몸이 꽃물로 물들고
가슴에는 울컥한 선물이 가득하다

풀벌레 기도

요란한 풀벌레 기도
하늘과 땅을 만나게 해 주렁주렁 사랑 매달고
만삭인 밤송이 토실한 자식을 하나 둘 낳습니다

햇살 잘게 부수는 들판의 합창에
기다린 발길 숨죽여 귀 기울여도 찾을 수 없네

매미처럼 울면 와 주려나
풀벌레처럼 기도하면 들어 주려나

파란 꿈 구름에 얹고

황소 등에 올라 지평선 너머
해바라기처럼 웃고 있을
너에게 가련다

비자림에서

일 년에 한 발자국씩만
다가오라면
돌아 서지 않고 갈 수 있을까

만날 때 까지 그 자리에
서 있으라면
주저앉지 않고 있을 수 있을까

한해에 손톱만큼씩 자라
장군처럼 서 있는 비자나무
천년의 품에
고요히 안아준다

지나던 구름 나무에 걸터앉아
전하는
바람의 노래 천년 이야기
큰 숨으로 몰아넣은 가슴에
산탄처럼 박혀
너를 떠날 수 없구나

산새가 되고 싶다

목 놓아 노래할 수 있는 산새

휘파람 불고
울기도 하며
혼자만 내는 소리로
가고 싶은 곳에 가고
보고 싶은 곳을 보며
둥지를 트는

산새가 되고 싶다

외로운 달

겨울 종 울리는 비바람
하늘을 뿌옇게 휘젓네

별들은 눈을 감고 검은 구름
달을 재우려 수작을 건다

희미하게 달빛 깔린 숲길
뒤 따라 오는 발자국 소리에
깜짝 놀라 창백해 진 외로운 달

산 말랭이 서성이다
먼 길 떠나는 처자
보따리에 숨어
잠이 든다

오미자 사랑

단맛 신맛 쓴맛 짠맛 매운맛
오묘한 세상사 한 알에 담은
고운 빛깔 오미자

쓰면 단맛으로
달면 매운맛으로

살아온 길은
아닐지라도
살아갈 길은
오미자 사랑으로 살아야지

겨울바람

몸뚱이만 남은 행렬 따라
안간힘으로 심지 붙잡는 등잔불 아래
길모퉁이 서성이는 검은 그림자

보고 싶어 왔다 문풍지 울려도
눈치 없는 저 사람
마른기침만 콜록이네

서러운 한숨은 싸늘한 바람 되어
나무 끝에 울부짖다
달그락 문 여는 소리에
여린 햇살 안고 잠이 든다

풀벌레 향기

세상에 달구어진 몸
초록 그늘에 식히고
하얀 계곡 물 채워
사지를 달빛에 널었다

귓바퀴 간질이는 달빛 숨소리에
보들한 젖가슴 더듬다
풀벌레 향기에 애기 잠이 든다

매화는

제일 먼저 보고 싶어
뒷뜰에 숨어 널 기다린다

벌건 얼굴 몸은 꽁꽁 얼었어도
훌러덩 온 몸으로 맞고 싶어
바람 불고 눈물 나도
달빛에 몸을 달구며
뜬 눈으로 널 기다린다

감추려 해도 감추려 해도
너를 향한 붉은 입술
어찌할 수 없는 마음인 걸
숨길수가
숨길수가 없구나

2부
비단 바다를 보며

그림 정창주

비단 바다를 보며

한바탕 광풍처럼 휘젓고
훌쩍 왔다 가시면
어찌해야 하나요

다시는 오지 않을 것처럼
발자국마저 다 지우고
저 멀리 썰물 되어
쏜살 같이 가시는 구려

아픔도 눈물도 기쁨도
파란 물결로 감싸주겠다더니
큰 바람과 함께 돌아 서네요

갯뻘에 몸을 묻고
슬픔은 조갯살에 숨긴 채
밀물 타고 올 그대 애타게 기다립니다

쪽빛 하늘 하얀 구름 한 아름 안고
말없이 다가오는 바다의 위풍에
콩닥 콩닥 침만 삼킵니다

멀리 반짝이는 것은 비단일까 보석일까
진흙탕 눈물범벅인 얼굴 따스한 물결로 씻어 주고
꼬물대는 입술도 덥석 안아
비단 바다에 뉘이네

물고기의 기도

얼음 덮여 있는 차가운 물속
이것이 세상의 전부인줄 알다
태양이 빛나던 어느 날
잠자리 친구와
꽃바람 향기 간질이는 꿈속을 보았습니다

비도 오지 않고 푹푹 쪄
목이 마르고 힘이 빠지는 무더운 여름날
한 마리 새를 만났습니다

그 새가 들려주는 아름다운 시와
감미로운 자연의 이야기에
가슴이 뭉클하여 다시 펄떡일 힘이 솟아났습니다

그런데 더위가 심해서 인지 어디가 아픈 건지
구름 타고 어디론가 떠나려 합니다

구름아 멈춰라 새야
꽃동산에서 함께 나비춤 추자
가지마라 가지마

아! 당신

아
눈물 나게 합니다
당신의 기도가

떨립니다
풀잎 같은 당신 보면

벅차오릅니다
일출 같이 다가서는 당신

미안할 뿐입니다
아무것도 줄게 없어서

감사할 뿐입니다
많은 것을 받기만 하기에

아
그냥 서있을 뿐입니다
당신을 바라보며

빈 배

눈길 하나 없는 바다
바람 부는 대로
물결치는 대로
지 마음 달래는
빈 배
간간히 비추는 햇살에 몸을 녹이며
꽃신 신고 올 그대 그리워
계선주에 팔을 걸고
일렁일렁 눈을 감는다

옹이

상채기 곱씹고 씹으며
목구멍에 고인 마른 눈물 바람에 날려 없애려 해도
굳은살로 덕지덕지 붙었다

돌 사탕 물고 침만 꼴깍거리듯
이 아픔 삼킬 수 없어
입속에 오물거리며 널 생각한다

이런 게 싫다 이런 게 싫어
도끼로 찍어 내고 대패로 밀어 내려 해도
지울 수가 없구나

이왕 주어진 거
감출 수 없는 자국이라면
너에게 꽃으로 남겠다

천정에도 벽에도 동그랗게 남아
네가 눈을 뜨면 언제든 웃어 주는
꽃이 되련다

갈매기의 춤

바다라는 당신이 있기에
큰 파도가 밀려 와도 걱정이 없어요
이 고비만 넘기면 당신은
넓은 품으로 안아 줄 거에요

바람이라는 당신이 있기에
태풍이 몰아 쳐도 힘들지 않아요
이 시간 간절히 기도하면 당신은
따스한 미풍으로 높이 날게 해 줄 거에요

태양이라는 당신이 있기에
어둠과 적막이 덮쳐 와도 외롭지 않아요
다시 찾아 줄 믿음의 당신은
얼어붙은 온 몸을 녹여 줄 거에요

이 여린 갈매기는 무섭고 두려워도 가슴 쫙 펴고
소리 높여 노래할 수 있어요
춤을 출 수 있어요
당신이 있기에...

갯뻘 편지

하고 싶은 말
주고 싶은 것
뻘 속에 숨기고 기다리다
아무것도 못했는데
어느새 바다는 가고
함께 놀아 주던 고기들도 갔다

허허한 갯뻘
찬 빗발만이 속속 파고드는데
울컥 울컥 멍든 가슴
오리 떼가 쪼아 어스름 저녁
고인 눈물 삼켜 주네

갯뻘에 뭉쳐진 노랫말조각배 타고
널 찾아 갈거야
널 보러 갈거야
보고 싶다

하늘 강 구름 배

이 땅 어디나 다 주인이 있어
내 맘대로 줄 수 있는 게 없네
하늘 강 구름 배에 당신을 태우고
별나라 달나라 꿈나라
어디든 가렵니다

하늘이 가을에 말하네

구름도 숨죽인 하얀 발자국 하늘에
산을 내려오던 가을 넋을 잃고 한 눈 팔다
햇살에 안겨 붉게 물드네

봄 꽃 물들인 아낙 입술에도
여름 땀 흠뻑 젖은 사내 등짝에도
꿈쩍 않던 하늘
속내 드러내며 가을에 말하네

쪽빛 마음이 내 마음이라고
하얀 구름이 내 선물이라고
바람으로 남긴 편지
생각 날 때 마다 꺼내 보라고

하늘이 가을에 말하네

가슴에 그리움 오래오래 고아
푸른 핏빛 뽑아 낸 거라고
이게
너를 향한 마음이라고

봄소식

누런 잔디밭 속
봇물 터지는 숫총각 신음소리
숲속
젖 몽올 간질이는 웃음소리

동네 목욕탕 (봄)

하얀 죽순처럼 포동한
고 녀석
제비 새끼 지저귀 듯
아빠 머리에 물을 뿌리며
까르륵 까르륵

등을 간질이는 풀잎 같은 손
철쭉꽃 같이 발그레한 볼테기
조잘 조잘 대는 종달새 노래

꼬맹이 웃음소리
잊었던 세월 다시 깨우고
봄을 부른다

마음

별이 되어 창가에
서면 문을 열까요
바람이 되어 얼굴을
만지면 알까요
꽃향기 되어 코끝에
닿으면 잊었던 생각 할까요
괘종시계 되어 덩그렁 덩그렁
울어 대면 손을 내밀까요
전화벨이 되어 따르릉 따르릉
소리 지르면 귀를 열까요
눈을 감고 깊은 숨을 들이 마시면
따라 들어올까요
싱그런 나무 그늘이 되면 한번쯤
찾아 와 안겼다 갈까요

네 마음 어디에 있나요

별이 되어

눈을 떴는데도 깜깜해요
홀로 있다는 게 어둠 보다 더한 외로움입니다
눈을 감으니 또렷이 보여요
두 눈이 만났나 봐요

별이 되고 싶어요
고요히 잠든 모습 보고 싶어서요
또 달도 되고 싶어요
꿈속이라도 만나고 싶어서요
아니 태양이 될래요
싱그런 숲속에서 지켜주고 싶어서요

말하지 않고 말하고
쓰지 않고 전할 수 있는 게
멀리서 바라보는 거라면
별이 되고 달이 되어서라도 바라만 보겠습니다

손잡을 수 없어 애가 타면 살랑 바람 되어 손잡고
입 맞출 수 없어 몸서리 쳐지면 꽃향기로 다가가고
꼭 껴안고 싶어 가슴 뛰면 별이 되어 안길래요

겨울 바다

싸늘한 적막이 뒤척이는 바다
등대는 공손히 손 모아 서 있고
파도는 소리 높여 널 부른다

모래알 제 집 찾아 둥지를 틀고
물결은 엉금엉금 기며
어그러진 발자국 지우네

바닷가에 머 엉 떨군 고개
뭐하고 있냐고 바람은
사납게 귓볼을 때린다

젖은 시선으로
바람 한 점 잡아 눈가에 모으면
너는 볼을 타고 흐른다

숲의 노래

실눈으로 파란 하늘 당겨 누운 숲속
나무들은 하늘 향해 달려가고
하늘은 나무 사이로 내려와

잔잔한 바람 나뭇잎 흔들며 춤추고
나무들은 햇살에 올라 목청 높여 노래하네

하늘아 하늘아 괜찮아 아파하지 마
걱정 슬픔은 한 잎 한 잎 떨구어 낼게

나무 사이로 쏟아지는 햇살 그대 마음
숲을 감싼 파란 하늘 그대 사랑
일렁이는 가지마다 그리움
그댈 향해 달려가네

간절히 두 팔 벌린 하늘 향한 숲의 합창

그리운 이여
그리운 이여

약속

가창오리 한 무리
서해 갯뻘 콕콕 찍어
정표를 묻고
금강 물 한줌 움켜다
누가 볼까
어지러운 발자국 지우고
먼 길
힘차게 오른다

잠꾸러기를 놀라게 한 봄볕

나무 끝 잠꾸러기
봄볕 토닥거림에
깜짝 놀라 얼른 화장을 하고
눈부신 신부가 되었다

용 비늘 달기 (방파제 공사)

바다가 운다 하늘이 성낸다
사람은 싸운다

싸우는 사람만 모른다
바다가 왜 우는지
하늘이 왜 저리도 성내는지

동해 남해 서해 모두 평안 번영하라
잠자는 용에 비늘을 달 듯
방파제 몸통에 소파제를 입힌다

갈등은 방파제로 막아 내고
분노는 소파제에 부수며
정온한 마음으로 살라

바다가 웃어 하늘이 환해
사람도 저렇게 화해하면 얼마나 좋아

우뚝 솟은 방파제 멋진 비늘을 달고
바다용이 되어 울타리가 되어준다

첫눈

눈이 눈 속으로 들어온다

나도 네 첫 눈에 들어
눈처럼 녹고 싶다

파란 마음

눈이 펑펑 내린다

뭐가 그리 답답한지
찌푸린 하늘은
주먹만 한 눈방울을
소리 없이 뚝뚝 떨군다

저리도 펑펑 울어
하얀 눈물 다 쏟아 내면
파란 하늘만 남겠지

풀꽃

풀꽃
이 안에 당신 품을 바다가 있어요

강아지와 뛰고 달리는 들판
강물이 춤추는 강가에서
당신과 노래하고

구름이 쉬는 언덕
바람이 놀다 가는 고갯마루 앉아
이야기 엮어 가며

당신이 꿈꾸는 창에 꽃이 되어
예쁜 그림 그릴 여백으로 있겠습니다

작은 숨소리에도 흔들리지만
어떤 어려움이 와도 꺾이지 않고
힘차게 빛나는 은하수 별꽃이 될게요

풀꽃이 되어

구름에 누운 달

가을을 갉아 대는
풀벌레 소리 은은한 밤
구름에 누운 달 하얀 속치마 파고드네

마루에 안방에 초롱불 밝혀
오실 님 기다리며
별빛으로 장식하고 울다 웃다 서성인 세월
바스락 소리에도 깜짝 놀라
싸아한 바람에 발만 동동 구른다

희미해지는 먼 길을 지워 가는 밤
달은
구름에 기대어 눈을 감는다

뚝 방 길 황소

터덕터덕 걷는 뚝 방 길
밟히는 풀벌레 소리 툭툭 쳐내며
호주머니에 외로운 바람 쓸어 담는 밤
황소 한 마리 서성인다

캄캄한 하늘에
굵은 누렁 울음이 늑대 소리로 메아리친다

마음 나눌 별 찾아 감는 눈 깨우며 잡은 손

바람은 노래가 되고
벌레 소린 잔별이 되어
들썩이는 황소 그림자 따뜻하게 안아 준다

밤 비

무거운 머리 뒤척이는 꿈결
주룩주룩 몸속으로 파고드는 빗소리

껍데기는 침대에 두고
알몸으로 두 손 벌려 하늘을 안는다

입술 방울에 달콤한 키스를 하고
몸에 흐르는 빗줄기와 뜨거운 포옹을 하며

한 움큼 목구멍에 고인 눈물
하늘로 던져 그대에게 보내면

이 한 여름 밤 춤사위
그대는 알까

꽃이 진다

꽃이 진다

한 방울
눈물 되어
뜨겁게 진다

꽃잎 나비

산 벚꽃이 나비되어 난다

오랜 그리움 보고 싶어
두꺼운 껍질 덮어 쓰고
언제 오나 언제 만날 수 있을까
마냥 마냥 기다리다
산중에 홀로 꽃을 피웠다

꽃잎은 햇살을 안고
햇살은 꽃잎에 누워
서로 어루만지며 익어 가다
뜨거운 입술 새긴 꽃잎은
팔랑 팔랑 춤을 춘다

꽃잎은 햇살을 꼭 껴안은 채
싱그런 숲길을 거닐며
따뜻한 사랑 이야기 연둣빛으로
물들이고 하얀 나비되었다

꽃잎 나비 추억으로 날며
쭉 벌린 팔 하늘을 안게 하고
흐뭇한 미소 실눈 사이를 아롱대다
내 하얀 심장을 초록으로 물들인다

달빛 속삭임

산허리 쭉 훑어
달빛 한 바구니 가득 담아
바람이 바람처럼 왔다

달빛 영근 풀벌레
금실을 풀 듯
은실을 풀 듯
작은 숨소리로 여름밤을 녹인다

온 몸을 간질거리는 속삭임
내 마음의 울림인가
네 마음의 노래인가

눈 감으면 이마에 앉고
눈 뜨면 숨는

달빛 속삭임

네 소리에 버무려진 나는
너의 종이 되어 울리겠다

별꽃이 되어

가을 햇살에 충혈 된 나무
제 몸 부르르 떨며 가진 것 다 주고
맨 몸으로 남아 다시 만날 기다림으로 서 있다

큰 그늘 오색 단풍 선물 못해도
잔잔한 미소 잃지 않게
네 창가에 손톱만한 별꽃으로 있겠다

창문 열면 반짝하고 웃어 주고
잠들면 지켜보며
빨강 노랑 파랑 행복한 꿈을 꾸게 하리라

너의 별꽃이 되어...

바다가 운다

온 몸 들썩이며 바다가 운다
펄펄 끓는 속내 어찌할까 풀 곳 없어
미친 듯이 뛰어 올라 큰 울음 울고
이내 눈 질끈 감고 몸을 던진다

떠난 배 기다림이 너무 길어
기약 없는 시간을 울음으로 채우려나

토해낸 응어리 백사장에 묻고
바람 따라 먼 길 나서다
자기만 아는 노래로 더 크게 목 놓아 운다

쉬이익 우르르 쉬익
수평선의 깃발 기다리며
바다가 운다

3부

거푸집

거푸집

파도 앞을 거푸집이 막아선다

한때는 땀에 젖도록 부둥켜안고
매일 기름 발라 가며 사랑을 낳더니
찾는 이 없는 어스름 해안가 텅 빈 거푸집이
싸늘한 바람에 칭칭 동여져 있네

누나 낳고 나 낳고 동생 낳고
보릿고개 넘고 넘어
이제 따순 방에 허리 한번 펴나 하다
빈껍데기 몸이 된 어머니는 수호신이 되어

긴 세월 삼킨 까만 울음 바람에 닦으며 또
거친 파도를 막아선다

도르래 도르래

타워 크레인 긴 팔 끝
아찔한 공중에 매달린 도르래
기사님 손끝 따라 곡예를 한다

그 높은 곳에 매일 살면서도
푸른 산은 바다는 보았을까
뭉게구름과 정담이나 나눠 봤을까
보고 잡푼 엄마는 언제 보고 살았을까

깜깜 중에 속내 털어 놀 별 하나 있을까

묵직한 쇠 가슴 안고
삐걱 삐걱 신음 소리 삼키며
햇살에 멍든 텅 빈 공간
쳇바퀴 줄에 외로이
또 오르내린다

격포항 등대

한 줄 한 줄 쓴 편지 바위틈에 끼워 넣고
긴 밤 세워 벌개 진 눈
먼 수평선을 더듬는다

울먹이다 속이 까맣게 탄
빈 몸통은 물결 마다 울음을 쏟고
큰 파도 철썩이면 뱃속 서러움까지 다 쏟아 낸다

썰물 따라 나서는 빈 배
밀물 타고 올 그대 기다리며
오늘도 그 자리에서
등불을 밝힌다

터널 굴착

갈 길이 어디인가

저 들판 지나 개천을 건너
산을 넘어야 된다기에
수풀을 헤치고 가시덤불에 찔리며 넘어지고 깨져도 일어나
좌표를 잡고 폿대를 세운다

까칠한 산에 손을 얹어
더듬고 만지며 뚫는 갱구
지보 받치고 볼트 박아 가며
굴착을 한다

퀘퀘한 매연 꽉 찬 인생길 내 길은 어디인가

화약 소리에 귀가 멀고
돌덩이에 치여도 긴 터널 관통하고
산 너머 바람 맞는 이 순간
땀에 젖은 작업복에서 내 삶을 찾는다

먹통

뱃속 긴 핏줄을 전화선처럼 뽑아
희미한 흔적을 남기며
아직도 꿈속에 있는 너에게 간다

고랑 망태에 뒹굴뒹굴
팽개쳐져 필요할 때만 찾아도
너는 나로부터 시작이다

세상 높은 곳에서 바보 멍청이라 놀려도
네 핏줄에 내 바늘을 꼽고
지워진 길 찾아 다시 시작의 선을 긋는다

나도 너로부터 시작이다

못

내 가슴에 못 박으면
너도 성할 성 싶냐
이놈아

당신은 가슴을 쳤다

못대가리만도 못한 썩을 놈
구부러지면 펴서라도 쓰지
저 놈은 어찌되려고 저런다냐

당신은 가슴을 망치로 쳤다

손가락 부서지며 지 앞가림이나 하며 살라고
겨우 세워 놓았더니
저 혼자 된 줄 알고 지랄이다

당신은 피멍만 남았다

못 빼는 아주머니

뻣뻣한 다리 같은 각목에
여기저기 갈고리처럼 박혀 있는 못
툭툭 달래가며 하나하나 빼내고 있다

채 아물지도 않은 딱지 진 상처투성이 구부러진 허리
이젠 약 바르며 쉬어도 되련만 공사판 먼지 구석에 앉아
수건으로 얼굴 가리고 발등에 박힌 못을 빼고 있다

평생 가슴에 대 못 안고 살아 온 길
누구 하나 만져 줄 사람 곁에 없어
스스로 빼내려 말없이 빠루를 잡아당긴다

새참 빵 봉지 뜯어 한 입 물고
오랜만에 하늘 보며 미소 짓는 건
잠시나마 후련함일까 미운 자식 생각나서 일까

자기보다 큰 목재 지고 날라 쿵쿵 한 곳에 모아 놓고
망치를 두드린다 자기 가슴을 친다

발바닥에 박힌 못 쑥 집아 빼고
따뜻한 아랫목에 등 지지며 한숨 편히 자게 할
어느 자식 있을까

핏줄에 전원을 꼽고

축 늘어진 어깨 새벽 인력 시장 골목을
어저께 싼 쭈글쭈글한 가방에 처자식 둘러메고
눈에 불을 켠다

터널 속으로 갈지 지하실 터파기로 갈지
오늘도 허탕일지 긴 줄 끝에서
달달한 봉지커피 한잔에 언속을 녹이며
쓴 담배연기 깊게 빨아 빈속을 채운다

오늘이 아니면 내일은 있겠지
봉사원이 나눠 준 우유 하나 빵 하나
움켜쥐고 살아야지 살아내야지 어금니 물며

힘없이 주저앉는 핏줄에 전원을 꼽고
해성한 머리에서 떨어지는 등줄기 눈물
새벽바람에 닦는다

머리 잃은 돌

바람도 쉬어 가는 나무 그늘 아낙

해 지고 별빛 스러져도
헝클어진 머릿속 걷잡을 수 없어
계곡에 몸을 던졌네

잊기 위해 폭포수에 머리 디밀고
차디 찬 물에 씻고 씻어 머리마저 잃고
또 하염없이 누굴 기다리나

상념

입동 지낸 밤바람
요란하게 투덜거리다
창문 덜컹덜컹 두드리며
사지를 흔들어 깨우고

빈 통을 채운 바람
이리 뒹굴 저리 뒹굴
마음 둘 곳 없어
또 소리 내어 운다

가는 아쉬움이
오는 기대 보다 커
또 저리 우는 가

웅크린 바람은 밤새
길모퉁이 서성이며
길게 늘인 늑대 소리로 운다

계선주

선창에 녹슨 어금니 하나 서 있다

바람 불고 풍랑 일면 꽉 잡아 주고
봄볕에 잠이 들면 슬며시 흔들어 주는 계선주

밧줄 휙 던져 걸어놓고 찾은 째보 선창 선술집
밤새 술 퍼붓다 잠들어도 곁을 지키고
헛물만 가득해 바람에 비틀 비틀
접안하는 멍든 배 따뜻한 손으로 잡아 주네

가고 싶을 때 갔더라도
오고 싶을 땐 오라
좋을 때 비껴갔더라도
힘들 땐 어여 오라

계선주는 묵묵히 서있다

* 계선주 : 선박 접안 시 계류용 밧줄을 걸기 위한 기둥. 선박을 메어 두기 위해 설치한 기둥.

광화문 光花文

어둠의 나라에 빛을 밝히고 (光)
나라의 심장에 꽃을 피웠다 (花)
백성은 상소문 대신 피켓을 들었다 (文)
가라가라 껍데기는 가라

모세혈관 같은 촛불 오천만 별이 되어
꽁꽁 언 광화문 시멘트 바닥에 꽃으로 피었다
국민이 별이다 백성이 꽃이다

팽목의 노란눈물 바다에 뛰어 들어
성난 파도와 땅을 치며 애원을 해도
얼굴 한번 보이지 않던 혜
이게 나라냐

하나의 촛불 열이 되고 백만 천만이 되어
오천만 염원의 길을 밝히고 있다
은하수 같은 별빛 파도
썩은 찌꺼기를 몰아내고
메시아 같은 민초의 함성
심장을 울려 다시 일으켜 세운다

인왕산 호랑이도 꼬리에 촛불 달고
철문으로 닫힌 파란 담장 훌쩍 뛰어 들어
가자 우리의 길
나가자 행복 민주의 길
외치는 행렬 앞에 불을 밝힌다

광화문은 나라의 심장
심장에 불을 밝히고 꽃을 피워
우리의 염원을 이루자

꽃들을 환하게 웃게 하고
별들에 무릎 꿇고 기도하는
그런 사람이 있는 세상
이게 나라다

* 신동엽 '껍데기는 가라' 인용

서리

밭고랑이 하얗다
내 머리도 하얗다
한 해가 가고
세월이 간다

앙상한 가지에 솜털 같은
입김이 잠깐 햇살에
날아간다

봄날이 엊그제였는데
오늘은 어제 같고
어제가 오늘 같은데
이제 겨울이라 한다

더 추워지기 전
행복한 추억 배추 속에 발라
큰 항아리에 차곡차곡 담아야겠다

총각김치 깍두기 풍성한 배추김치
내 인생을 무엇으로 담글까

가슴에 소금 뿌리며
조용한 기도를 한다

비가 운다

산 넘어 외갓집 갔다
엄마 보고 잡퍼 한 달음에 온
말랭이에서
비를 맞는다

갈라진 농심에 비가 내린다
이마를 훔치며 농부가 운다

비가 운다

인생 단풍

시베리아 혹한도
이기고 피웠다
숨 넘어 가는 더위도
열정으로 식혔다

한창 푸르름은
좋다고 한다
농익은 단풍은
아름답다

일부러 털어
떨어뜨리지는 마라
밟고 가되
짓밟지는 마라

노란 눈물

봄꽃 만발한 4월 16일 소풍 간다고
찰진 하얀 쌀밥에 노란 단무지 돌돌 말아 김밥 두 줄 싸고
엄마는 잘 다녀오라며 토닥토닥 안아 주었다

말 잘 듣던 우리 애는
기다리라는 방송에 그저 기다리다
기우는 배 틈새를 손톱으로 겨우 잡고
까치발로 버티며 기다렸지

(아 ---- 아 아 ----아)

눈물이 마르면 가슴이 다 타면
노란 재만 남는 걸까
거친 파도에 몸을 때리고 때리면
노란 돌멩이로 되는 걸까

(아 ----아 삼백 예순 날 그냥 조용히 있으란 날)

조용히 있으라니까 잊을까 내 자식 일이니까 잊을까
끝까지 같이 하겠다던 높으신 분들 심기 불편하니까 잊을까

칼바람 맞으며 광화문에서 팽목항 까지 또
팽목항에서 광화문 까지 걷고 걸어도 잊을 수 없네
곡기 끊고 길바닥에 몸을 던져 천리 길을 뒹굴어도
잊을 수 없는데 잊혀 지지 않는데...

(이래서는 안 된다 이럴 수는 없다)

살점을 찢는 아픔 삭발한 머리칼 모아
바닷물을 막고 숟가락으로 물을 퍼내
국민이 달아준 노란 리본 밧줄 만들어
세월호를 끌어 올리자

(어찌 할거나 어찌 할거나 애 ----야 애 ----야)

꽃이 되어 나오렴
꽃이 되어 날으렴
노란 나비되어 날아오렴

아가 아가 아가

차바퀴 인생

어디로 가는걸 아는지
바퀴는 정신없이 구르고 있다

운전수 핸들 따라
복잡한 세상에 머리를 박고

그저 땅만 보고 바퀴는 또 달린다

입춘 너에게 묻는다

살얼음 몰아 낸 오리
궁둥이 하늘에 대고 물갈퀴 춤을 추네
동동동동 숨 고르다 별을 따 입에 물고
허기진 사랑 채운 통통해진 궁딩이 씰룩 거린다

저 하늘엔 별 말고 누가 있을까
한 시간째 천변 억새밭 헤매어도
공허는 봄바람에 시려워 가지 못한다

노란 대공 사이 너인가 반가워 발길 멈추는데
콩새 몇 마리 포르륵 포르륵
눈길을 지운다

입춘 너에게 묻는다
나비는 언제 오니

팽목 호두

진도 팽목항에 가 보았습니까

그 거칠던 파도가 숨을 죽이고
싸납게 울부짖던 바람도 소리 없고
사람 울음은 말라 진돗개가 운답니다

휘영청 밝은 보름달
오랜 묵념으로 눈을 못 떠
천지가 까맣게 변했고
노란 밧줄에 새순이 돋는 답니다

팽목 바다에 잃어버린 호두
찾으려고 찾아보려고
손이 노랗게 닳도록 빕니다

호두야 나와라
껍질을 깨고 나와라

오백 날을 빌어도 허사 허사 허사

노란 팽목 호두
뻘 속에 뿌리 내리고 쑥쑥 자라
304개 열매 스스로 맺을 겁니다

호두야 나와라
기약 없이 마른 가슴을 칩니다
호두야 껍질을 깨고 나와라
공허한 기도를 합니다

그 자리에 호두나무가 자랍니다

가을이 옷을 벗는다

한적한 산모퉁이 수줍은 가을이
실루엣 햇살에 몸을 비비며
옷을 벗습니다

거울 앞에 선 발개진 여인처럼
다가서는 바람에 붉게 물들고
활활 타는 가슴 터질 것 같아

하나하나 벗고 여린 대궁으로 서서

그대 향한 끊는 피의 색깔을
노랑 빨강으로 뜨겁게 뿜으며
살점을 떼어 내 듯 긴 기다림을 떨굽니다

주고주고 다 주고도 아쉬워
속내 까지 보여주려 주저 없이
주저 없이 옷을 벗습니다

가지 끝 홍시 떨어지기 전
가시밤톨 속 감춘 맘
그대에게 전하고 싶어 나도
가을처럼 옷을 벗으렵니다

풀벌레가 된 매미

더운 날 등짝에 딱 달라붙어
대답하기 전엔 죽어도 가지 않겠다고
긴긴 밤 애타게 울더니 간단 말도 없이 휙 사라졌네

하얀 달 물고 서늘바람 타고 하늘로 간 매미
못다 한 속내 다시 들으려
창문 밖 풀잎에 숨어
삭삭 싹싹 긁어 대는 풀벌레가 된 매미

가을밤을 녹인다

한번 주면 정이 없단다

아까 고구마를 먹었더니
난 배가 부르구나
너 조금 더 먹어라

한번 주면 정이 없단다

한 숫깔 푹 퍼준 자리
양푼만한 미소로 채우고
한줌 동냥도 큰 바가지에
따뜻한 햇살 가득 채워 주었다

보릿고개에도
한번 주면 정이 없다 하셨는데
한 종기 한 종기 나누며
파란 하늘을 담아야겠다

파이프 위 새

비계공 아저씨 애기 팔뚝만한 파이프에 올라
높은 공중에서 갈비 대 엮듯
작업대를 만들고 있다

묵직한 안전화 조여 매고
다람쥐 마냥 이리 뛰고 저리 뛰며
삶을 엮어 간다

뚝뚝 떨어지는 땀방울
바들바들 떨리는 다리
처자식 생각에 눈 돌릴 틈도 없이
오렌지색 서쪽 하늘에 숨을 뱉는다

가느다란 파이프에 몸을 매달고
눈물을 땀으로 떨궈 내며

파이프 위
새가 되었다

차선

자욱한 안개 길
가로등은 허공에 매달려 헐떡이고
갓길에 발이 묶인 차
눈만 껌뻑이네

한줄기 빛은
말없이 인도하는 백색 차선

힘들 때 찾아 위로를 받는 어머니처럼

자기의 한
다 하지 못하고
끊어지고 헤어져도
언제나 반겨 주는 차선

말발굽 구두

서울 땅속을 질주하는 이무기
고민 성공 행복으로 꽉 채우고
달리고 달린다

때각때각 또각또각
전쟁 앞둔 군대처럼
다문 입술 부릅뜬 눈
말발굽 구두 소리

곱창 짜내 배출하듯 쏟아지는 군중
움찔 움찔 머리 들고
콧바람 씩씩 대는 말 행진이다

살기 위해 살기 위해
여물통 움켜쥐고 달리는
표정 없는 말발굽 구두

산 그림자

벌건 눈 서산에 숨어 기다리다

앞마당 소나무에 반달 걸고
새 소리로 울타리 엮어
단풍 금침 깔아 신방을 만드네

슬금슬금 내려 온 산 그림자
동네 어귀 서성이다 훌쩍
순이네 담을 넘는다

설야주 雪夜酒

겨울밤 지우는 달 희미하게 눈을 감고
가로등은 머 언 발치 별이 되어
술잔을 채운다

반가운 친구 그리는 뜨거운 잔에
눈송이 깃털처럼 내려 젖어 드는 밤

하늘을 감추고
그대에게
녹아들고 싶다

채반 생선

바닷가 채반에 누운 생선
파도 소리에 귀 막고 있다

바다는 쉬지 않고 철썩철썩 흔들어 깨우고
지나던 바람 바닷물 뿌려대도
닿지 않는 발치에 헛손질만 하네요

뱃고동은 몸을 흔들며 밤새 소식을 전해도
꿈쩍도 않고 누워 있다

어느 날부터 인가 뜬 눈으로 말라가며 노랫말도 잊었다
큰 울림 작은 속삭임으로 감싸 주던
바다를 잊었다 이제 돌아갈 곳이 없다

바다는 예나 지금이나 한결 같은데
아무 소리도 못 듣고 눈은 말라 간다

아직 마르지 않은 입술에 침을 발라 본다

4부
제비꽃 엄니

제비꽃 엄니

고운 눈 아담한 몸매 순하고 이쁜 아낙
대학생 신랑 만나
대가족 쪽방의 며느리 되었네

부푼 꿈 달콤한 시간 갖기도 전에
먹고 사는 것에 메어

아침부터 밤늦게 까지 허리 한번 펼 시간도 없이
시아버지 시어머니 시숙 조카들
줄줄이 얽인 실타래 속을 뛰어 다니다
옷도 벗지 못하고 새우잠에 곯아떨어진다

아침부터 저녁까지
땀 한번 그늘에 앉아 닦아 보지 못하고
호멩이 쇠스랑 쉴 새 없이 놀려도
반듯한 통가리 하나 세우질 못했네

신랑은 잘 나가던 직장 해직되어
제 풀에 제 성질 못 이겨 힘들어 하고
하지 않던 삽질이야 지게질에
물집은 잡혀 터지고 지겟다리 밑에 나오는 게
한숨이네

다섯 새끼
쳐다만 봐도 밥걱정
보리밥에 고구마 박아
한 끼 때워도 또 다음 끼니 걱정

어떻게든 살아야지
새끼들과 신랑은 살려야지
하루 종일 논밭을 헤매다
밤이면 호롱불 등잔 밑에 시보리를 깔고 앉아
달그락 달그락 깨알 같은 코를 엮는다

손끝은 바늘에 찔리고
끊어지는 허리 아픔 속에
바늘 끝에 고개 떨구다
소양강 처녀 콧노래로 졸음 쫓아가며
한 푼이라도 보태기 위해 시보리를 뜬다

갈라지는 손 끝 마다 굳은 살 박히고
바늘에 꿰인 핏자국 쭉쭉 빨아 가며
호롱불 심지 돋우고
천근만근 눈꺼풀 들어 올린다

아
오늘이 내일인지 내일이 오늘인지
새벽에 잠이 들고 새벽에 눈을 떠
식전 일은 놉 하루 일이라고 채전 밭 일구다
애들 밥 멕여 바쁘게 학교에 보낸다

허리 한번 제대로 펼 수 없어
가늘게 휘어진 몸뚱어리
아득아득 이를 악물다 아픔이 견디다 못해 뭉쳤나
신장에 돌이 되어 굳어버렸다

끊어지는 허리 통증
악 소리 억 소리
제대로 속 시원히 질러 보지도 못하고
방안을 빙빙 쓸며 엉금엉금 기다
부시깽이 움켜잡고 눈물을 삼킨다

친구들은 제주도 간다
봄이 왔다 꽃구경 가자
여름이다 계곡에 놀러 가자
겨울이다 눈이 온다고 해도

제비꽃처럼
그냥 웃기만 할 뿐
가지도 보지도 엄두도 못 내네

동네 한 바퀴 돌지도 못하고
경로당에 가서 놀지도 못하고
떨리는 몸 이불속에 30년을 묻고
외딴집 외방에 홀로 누워
시린 가슴 눈물 바람
두 손 부여잡고 기도로 달래네

누군들 알랴
하루가 이렇게 긴지
누군들 알랴
이 적막 같은 대낮
누군들 알랴
말 못하는 아픔

이제나 저제나 서방님 자전거 소리에
소망의 목을 매다
죄라도 지은 양
큰 소리로 맞지도 못하고
살며시 옷을 받아 거네

산 말랭이 제비꽃
지나는 바람에 소식도 듣고
찾아 주는 풀벌레와 얘기도 나누지만
자식들 다 내 보낸 외딴집 엄니

바람에 질 새라
문도 열지 못하고
한주먹 약봉지 털어
이불 끝에 아픔 물고 눈을 감는다

하루걸러 피를 거르고
하늘이 꺼지고 땅이 사그라들 것 같은
아픔의 연속에
몸은 까맣게 삐쩍 말라 가고
약 부작용에 털은 부성부성
이게 산 사람의 할 짓이랴

아픈 것이 죄인이라고
30년이나 아픈 것이 면목 없다고
이제까지 신랑만 힘들게 했다고
언제나 미안해하며
말 한번 크게 하지 못하고 숨을 죽이던
제비꽃 엄니

첨성대

너로 나를 채우기 위해
굴뚝처럼 서서 기다린다

너를 빨리 만나고 싶어 들판을 까맣게 덮고
너를 먼저 보고 싶어 하늘을 하얗게 쓸어
샛별처럼 다가 올 너를 기다린다

내 몸통이 너를 찾는 귀이고 눈이다
너를 찾는 게 아니라 너를 담는 거다

따뜻한 소파에서 뒹구는 고양이처럼
빤히 쳐다보는 별 가슴에 안아 다독다독 재운다

너를 안고 있는 것만으로 다 할 수 없어
지워지지 않는 하얀 마음
너른 들판에 편지를 쓴다

매일 한번 씩 몸을 뉘어
삼백예순 번 몸을 포개 너를 담을 성을 쌓는다

천년을 채울 수 있는 건 너 뿐이다

고향 집

담장에 무성한 풀꽃 걸어 놓고
잠들어 있다
고향 집은 큰 짐 진 지게처럼 작대기에
기대 숨을 고르고 있다

고양이 걸음으로 앉은 토방
바람이 무성한 마당에
하얀 민들레 따뜻하게 반겨주네

서까래 거미줄엔 옛 이야기 걸려있고
구멍이 숭숭 뚫린 문 빼꼼히 연 방안엔
쓸쓸한 그림자만 뒹군다

고향 집 마당엔
햇빛이 그리워 자식이 그리워
맨발에 가늘어진 하얀 꽃이
우두커니 서 있다

뭐라 했지

뭐라고 했지
보고 싶다
사랑 한다
했든가

뭐라 했지
떨어져 있어도 같이 함 같고
같이 있어 더 행복하다
했든가

뭐라고 했지
있는 것 자체가 힘이 되고
고운 씨앗을 같이 심자
했든가

또 뭐라 했지

소리

가야금이 소리 내는 건
손가락이 있기 때문이고
시냇물이 소리를 내는 건
조약돌이 있기 때문이다

숲이 소리 내는 건
바람이 있기 때문이고
바다가 소리를 내는 건
파도가 있기 때문이다

내가 기쁜 소리를 내며 살 수 있는 건
나를 잡아 주는 손이 있고
함께 하는 당신이 있기 때문이다

결혼 기념일

강천산 새벽 산행 길
팔짱 꼭 낀 우산 위로
톡톡톡 축하 행진곡이 울린다

어둠 속의 잔설 천사들의 군무 속에
갑옷 입은 봉우리 호위 군사처럼 열병하고

포근한 산에 안긴 새들의 걸음에
폭포수 타고 내려 온 솔 향이
무거운 가슴을 녹여 준다

치마 자락 물고 어쩔 줄 몰라 뛰는 강아지처럼
나뭇가지 총총대는 새처럼 앳된 꽃 처녀 되어
좋다 좋아 연발하는 아내

속 깊이 찌든 시름 구장군에 맡기고
지금 말한 기분으로
지금 말한 대로
꼭 손잡고 가자

꽃 친구

어둠에 절여진 단무지
두꺼운 이불에 덮여
숨을 고르는 밤

세상을 알콜로 씻으며
같이 취한 전화기로
드륵드륵 흔들어 깨운다

친구야
네가 생각나서
전화했다

이 말 한마디에 취해
따뜻한 꽃물에 몸을 담그며
젖은 안부를 전한다

가고 싶을 때 가서
너부러져 잠도 자고
보고 싶을 때 찾아
막걸리 한잔 나눌 수 있는
너는

꽃 친구

고향의 별

숨죽인 어둠이 한 겹 두 겹 칭칭 동여
통가리처럼 포근히 감싸 안아 주는 밤

고향의 별

긴 숨을 마시면 뱃속까지 들어와
꽃이 되고
두 팔 벌려 손을 내밀면
사뿐히 내려 앉아 반짝인다

한참을 멍하니 바라보면
어머니도 보여 주고
옛 친구도 그려 주네

쌩 쑥 한 다발 모깃불 놓고
멍석에 벌러덩 누워 보는
고향의 밤하늘 고향의 별

오랜만에 와도
누구냐고 묻지 않고
어릴 적 보던 눈빛 그대로

동네 별 하늘은
물장구치던 방죽 같다

넌 나였구나

친구야
넌 나였구나

물길을 걸을 때 넘어질까
손잡아 주고
캄캄한 길을 서성이면
눈빛으로 비춰주는
넌 나였구나

혼자 길을 나서면 외로울까
멀리서 바라 봐 주고
바람 부는 길을 갈 땐
옷깃을 여미어 주는
넌 나였구나

그리움이 녹아 흐르는 내 혈관 속에 네가 있구나

친구야
나도 네게 있을게

눈물이 나요

3일 만에 도착한 102 보충대에서 온 편지
강원도 춘천시 주소 다 읽기도 전에
눈물이 나요
소포에 담긴 땀에 찌든 옷가지 신발
북받쳐 올라오는 가슴에 손이 떨려
눈물이 나요
며칠을 그냥 보고 있다가 박박 문질러
그리움 달래 보려 하지만 꼭 쥔 옷 코에 대며
눈물이 나요
쏟아 붓는 여름 땡볕 모래알을 뒤척일 때
나뭇잎에 걸린 달 불침번 서는 그림자로 보여
눈물이 나요
반찬 만들다 말고, 책상 닦다 가도, 빨래 널다 가도
지나가는 또래 애들만 봐도, 이웃집 아줌마와 수다 떨다 가도
갑자기 아내는 웁니다 그러지 말래도
더 멋진 사내가 되어 올 거라고 말하면서
나도 속에선
눈물이 나요
눈물이---요

떡갈나무 할머니

가을이 길을 나선다

가랑잎 지는 회색 하늘엔
추억만 남고 햇살에 익은 가을
알사탕처럼
마른 가지에 달려 있다

할머니 손 가랑잎 제 몸 긁으며
사뿐 사뿐 내려와
바삭 바삭 부서진 이야기
하나하나 주워 담고
갈퀴 같은 나무 끝엔
마지막 남길 말 대롱대롱 달아
언제 주고 갈까 망설인다

내 아가
내 사랑아

아내가 뿔났다

어두운 길은 두 손 꼭 잡고
고달픈 길은 꽃씨 뿌리며
함께 가자
성경책에 손을 얹고 맹세했다

보고 싶을 땐 못다 쓴 편지 한시가 급해
뿌연 먼지 날리는 버스에 실어 보내면
한달음에 안겨 참새처럼 여린 숨죽이다 새근댔다

굼벵이 득실거리는 푸세식 단칸방도 웃음꽃이었고
수십 번 이삿짐 보따리도 희망이었다
새벽 별로 지은 손바닥 밥상에 사랑 반찬 올랐고
객지의 늦은 밤 기다림도 함께 할 수 있어 행복했다

반백년이 지난 오늘
여유도 배려도 없는 나
지친 아내는 멀리 떨어져 쉬고 싶단다

아내가 뿔났다

바보가 된 아버지

세상 풍파 막아내며
그늘 만들어 쉬게 하던 푸른 솔
새끼들 추울까 한쪽 가지 꺾어 불쏘시게 하고
한 놈이 징징 대면 남은 가지 꺾어 군불 피워 주다
남은 건 허연 머리칼 몇 가닥 남았네

새끼들은 제 아궁이 불 꺼질라 껍질까지 벗겨 가
비에 젖고 바람에 얼어
84개 나이테는 하나하나 썩어 문드러져
텅 빈 고목이 되었다

어머니만 살아 계셨어도
이빨 빠진 합죽이 바보는 아닐텐데
덩그러니 구멍 난 몸뚱어리에
그렁그렁 겨울 바다만 보인다

이제 살면 얼마나 살것냐 왔응게 자고 가라 자고 가
집을 나서는 발길에
지붕 위의 별들이 뺨을 타고 흐른다

연탄 소주

친구야
인생도 우정도 노릿 노릿하게 잘 구워야지

구공탄 불에 삼겹살 뒤집으며
콸콸콸 소주잔에 추억을 채우고
푹 익은 김치 한 점 얹어
군침 나게 널 그린다

함박웃음 살갑게 그리며 눈물 나게 마시자

아줌마 소주 한 병 나는 너를 부르고
구멍 마다 타오르는 불꽃
너를 보고 싶은 내 눈이다
연탄불에 언 몸 뒤집고
짜릿한 목 넘김에 몸을 털며 널 맞는다

몽골몽골 불 지피며 때깔 나게 살자꾸나
캬

아버지는 텔레비전이 좋아서 켜는 줄 알았습니다

모처럼 아버지 집에 이불을 펴는데
벌써 자려고 그러냐 하며 오신다
아뇨, 여기 누우세요
그럴까, 금방 코를 골아 텔레비전을 껐다
왜 끄냐

사람이 보고 싶어 텔레비전을 켜시는구나

살며시 잡은 차갑고 힘없는 손
아버지는 애기 옹알이하듯
응얼응얼하시며 긴 숨을 내 쉰다

사람 소리가 듣고 싶어 텔레비전을 켠다

아버지 운동 좀 하고 그러세요
허허 허허 웃는 웃음
수천 길 눈물샘 삼키는 소리일까

저희들 갈래요 아버지 눈은 바다 보다 깊어지고
그려 그려 외로움 참고 달래는 말일까

내일도 또 모레도
아버지는 텔레비전을 밤새 켜고
혼자 방에 계시겠지

박스 할머니

네발 지팡이 할머니
자기 몸단장하듯 곱게 접어
시렁에 빈 박스를 싣는다

풍차만한 가족 밥상도
불끈 들던 할머니
낡은 유모차에 기대 끊어지는 허리 아픔
긴 숨으로 이으며

한 아름도 안 되는 박스 몇 개
고물상에 넘기고 200원 받아
요구르트 단물 마시며 하늘을 보네

다 키워 논 자식들은 소식도 없고
모진 세월은 육신을 갉아 먹어
마대자루 같이 껍데기만 남은 할머니

땡그렁 동전 몇 개 손에 쥐고
허기와 외로움 삼키며 웃는 미소
햇빛에 녹아 짜르르 목구멍에 맺힌다

오늘도 골목길 할머니
빈 박스에 할머니를 담는다

얼룩 의자

복지관 할머니 할아버지
딸자식이 사준 알록달록 옷 입고
긴 의자에 제비처럼 앉아
율동을 따라 하고 있다

큰 소리로 인사드리니
뉘 자식인가 눈빛으로 물으며
하얀 손 내밀어 어여 오라 하시는데
저만치서 환한 얼굴로 허리를 힘껏 펴고 나오신다

뭐 드시고 싶으세요 맛있는 거 드시죠
됐다 그냥 아무거나 먹어도 된다
갈비 떡갈비 아니다 육회 비빔밥 먹자
밥 알갱이 흘리며 긴 여정을 그리듯 비벼
따순 국물에 오물오물 한 그릇을 잡수신다

식사 후 가을볕 산책길
다리 밑 노인들의 쉼터
아무도 없는 썰렁한 얼룩 의자에
할머니 할아버지 영상이 떠오르며
내 그림자가 드리워진다

참 염치없다

안색이 안 좋다
힘들고 아프다고 한다
-뭣 때문에 아픈데 그래-
한참 동안 아무 말이 없다

염치없다

퍼 주어야 샘물이 풍성해지는데
편지도 쓰지 않고 우편함 열어 보고
혹시 연락 왔나 핸드폰 켜고 또 켜고
두레박을 넣지도 않고 물을 찾는다

염치도 없이

알았다고 했는데
뭘 알았는지 모르겠다
성질나니까 알았다고 큰 소리 쳤다

참 염치없다

어머니를 부른다

손바닥만 한 남새밭 하나
다섯 자식 목구멍 마를까
흙을 뒤집고 갈며 밤을 설치다 돌이 된 콩팥

투석으로 삶의 끈을 움켜잡은
모진 세월을 끝낸 날 2003년 7월 10일
그날의 어머니를 불러 본다

젊은 날 꽃 저고리 한번 입지 못하고
남들 다 가는 봄나들이 한번 못 가고
꺼져가는 심지 돋우듯 안간힘으로
눈물 삼키며 사신 어머니 어머니

엊그제 일이건만
어머니의 타 들어 가는 기도를 잊었고
금방 부서질 것 같은 가슴의 따뜻함을 나누지 못했다

냉장 고등어처럼 차갑고 힘없는 하얀 아버지 손잡으면
애기처럼 웃는 아버지를 볼 때 마다
콧잔등이 멍하다

한 송이 꽃에 뜨거운 눈물을 섞어
어머니 산소에 바칠 수 있을까
아들 딸 사위 며느리 모두의 웃음을 모아
바칠 수 있을까

앞으로 서로 손을 맞잡고 웃을 수 있는 시간이
몇 번 일까
덜덜 떠는 아버지 숟가락에
따순 갈치구이라도 한 점 얹자

나는 단지 지금 몇 시간
갈피없이 어머니를 부른다

어머니

호롱불

손톱만한 불꽃 하나
온 집을 밝혔다
문풍지 바람에 꺼질 듯해도
똘똘 말은 질긴 심지 하나로 버텼다

온 천지가 깜깜해도
딱정이 호롱불 밑에 오순도순 모였다

쌀독 닥닥 긁다 가물가물 할 때도
허기진 배 물 한 바가지로 채울 때도
호롱불이 있어 든든했다

힘들어도 눈물 흘릴 새 없이
허리가 끊어질 듯 아파도
한시 편히 눕지 못한
가녀린 호롱불

전기 불빛에 벌겋게 그을린 자식들
호롱불은 별이 되어
오늘도
꼬옥 감싸 안아 준다

빈 자리

풋풋했던 나무 한 잎 한 잎 지고
앙상한 몸뚱어리로 차가운
비바람을 이겨 냅니다

뱃속 피 투석실 허공을 돌고 돌아
까맣게 마른 어머니
숨을 헐떡이며 한 조각남은 소망
빈 의자에 남기고 가셨습니다

주신 씨앗 가꾸고 나누며
풍성한 나무로 키워야지 하면서도
핑계만 무성 합니다

잊고 산 긴 시간 눈물도 말랐지만
오늘 이 시간만이라도
이 빈 자리에
나는
무엇으로 채워야 할까
어떻게 채워야 할까

우리는

커피 향 친구

친구가 부른다
친구가 보고 싶다

보고픈 마음에 꼭 쥔 정
한 움큼 입속에 넣어 주고
꽃이 피면 꽃이 피었다
초록이 일면 산에 가자
해질 무렵 국밥 한 그릇 같이 하자
늘 시원한 바람 같은 친구

빗방울 튕기는 마른 마당
흙냄새 허기지게 밀려와
커피 향 짙은 친구 찾으면
동글동글 말아 내리는 커피물이
밥 냄새처럼 나를 반긴다

그립다 말하지 않아도
사랑한다 말하지 않아도
거름종이 적시는 따순 물 같이
퍼석한 가슴에
한참을 머물다 방울방울 별이 된다

아침에 보고 저녁에 보아도
돌아 서서 또 보아도
좋아 어쩔 줄 모르는 강아지처럼
너를 보는 건 언제나 꿈길이다

커피콩 곱게 갈아 뜨거운 물로
꽃 피워 내는 손끝 타고
뱃속깊이 별이 된
커피 향 친구

고기 맛 이런 맛

큰 아들이 고기 사 왔어
이것 봐 소고기 사 왔다고
당신은 언제부터 먹고 싶다 해도
못 들은 척 하더니

이제 자식이 고기를 사 왔다
먹지 않아도 든든하고
보기만 해도 배부른
아버지도 이런 기분이셨을까

왜 이리 맛있어
맛있지 맛있지
물어 보고 또 물어 본다

말도 없고 무뚝뚝해 멋대가리도 없다 했는데
딱 벌어진 어깨만큼이나 든든한 게
이런 맛인가

아들이 고기를 사 왔당께
담엔 색시하고 같이 사 오겠지

하하하

한밤에 찾아 온 비

한 밤중 누가 왔을까
자정이 지났는데 창문을 두드리네

나뭇가지에 매달려 물끄러미 방안을 바라 보다
한발 한발 다가 와
파란 방울 귓속에 스미고
따순 방울 이마에 앉네요

꺼진 등불 밝혀 눈 뜨게 적시는 이 비가
누구인가요

빗방울 집 만들어 나뭇잎 배에 싣고
푸른 숲속에 오롯이 살고 싶어요

달도 없고 별도 없는 하늘
당신의 눈을 보며 손잡고
온기를 나누며 어둠을 태우렵니다

이 비가 나이고
이 비가 당신입니다

대숲 노래

어스름 저녁 대숲 찾은 돌덩이
댓잎에 누워 노곤한 어깨 바람에 녹이는데

푸른 파도 일렁이며 꿈 놓지 마라
힘찬 응원의 깃발 흔들어 준다

먼 하늘 달빛 쪼는 참새 함성에
사르륵 사르륵 답하는 숲

서로 부비며 노래하고
서로 안으며 푸르러지다

구름에 안기는 달
서걱서걱 속삭임을
사랑가로 이어 간다

기다릴까

희미해지는 어둠에 갯뻘에 올라
가랑비 담는 돛단배

젖은 객이라도 오련만 빗소리만 가득 해
풀쩍 뛰어 온 청개구리도 반가워
얼른 노를 잡고 헛기침으로 달래네

강 건너 꽃 지기 전
같이 가자 해 놓고는

언제까지 기다려야 하나
언제까지 기다릴까
가랑가랑 울음만 찬다

‖ 서평 ‖

삶에 반역을 꿈꾸던 날의 자화상
― 정규순의 시집 '꽃잎 나비'를 읽고 ―

● 세종문화상, 소월시문학대상, 아르코문학창작기금수혜
● 향촌문학회장, 사)미래다문화발전협회장, 문인과문학회장

시인 **정성수**

I. 프롤로그

    시가 뭐냐고 묻는다면 시를 쓰는 시인들조차 명쾌한 대답은커녕 뒷통수를 긁적이는 경우가 많다. 시를 정의하기에 상당한 저항을 느낀다는 뜻이기도 하다. 시는 마치 뜬구름과 같아서 손에 쥐기도 어려울 뿐만 아니라 설령 손으로 잡는다고 해도 보이는 것 같기도 하고, 보이지 않는 것 같기도 해 애매모호하기 때문이다. 혹자는 시를 인간 내면을 뚫고 나온 가장 정갈한 언어의 묶음이라고 말한다. 그렇기 때문에 좋은 시는 시인이 속한 세계를 정직하고 투명하게 보여주어야 한다. 거기에는 정갈함과 특유의 울림이 있어야 독자들을 사로잡을 수 있다.

    최근에는 현학적이고 관념적이고 화려한 수사로 포장된 시들이 판을 치고 있다. 그런가 하며 뜨거운 정념이나 서사 충동으로 해독 불가능한 시들이 많다. 뿐만 아니라 너도 모르고 나도 모르는 시들을 추켜세우면서 마치 시의 전범인양 텍스트로 삼기도 한다. 해마다 정초에 발표되는 신춘문에 당선 시들만 봐도 그 중에는 동의하기 어려운 시들이 있다. 어떤 시작품은 독자들을 어리둥절하게 만들기도 한다. 물론 모두가 그렇다고는 할 수는 없다. 평론가나 시의 고수들이 쓴 심사평대로라면 당선자들이 낸 시집이 날개 돋친 듯 팔려나가야 함에도 불구하고 현실을 그렇지 않다. 말할 것도 없이 가슴으로 쓴 시가 아니라 머리로 쓴 시들이기 때문이다.

정규순 시인은 구체적 체험을 바탕으로 사물과 대상을 관조하여 진술해 가는 힘이 있다. 시인의 시들은 거칠게 유형화 하면서도 한편으로는 제재의 인용 및 현실적 비판과 인유와 형상화를 꾀하고 있다. 거기다가 내밀하고 아름다운 비유적 문장은 시들을 돋보이게 한다. 뿐만 아니라 요즈음 산문적이고 난해한 시들이 독자들로 하여금 시에서 멀어지게 하는 요인 중의 하나라는 것을 간파하고 시인의 정도를 유지하고 있음은 다행스러운 일이 아닐 수 없다. 이는 일상의 경험에서 체득한 시적 떨림을 시의 질서 안으로 끌어들여 소통의 통로로 사용하고 있기 때문이다.

건설분야에서 인정을 받은 정규순시인이 시를 쓰는 일은 현장에서의 휴식과도 같은 것이라고 추측한다. 육체적 정신적으로 고된 노동이지만 시 쓰기는 시인의 호흡과 같은 것이다. 시인이 집중하는 대상은 주로 구조물들이다. 이것들은 주변에서 흔히 보는 풍경들로 시라는 색을 덧입혀 시적 감각을 재구성하고 있음이 여러 편의 시에서 나타나고 있다.

II. 일과 사람과 성찰을 버무린 서정들

바닷물 빠져 나간 금강 하구
뻘게들이 뻘밭을 뒤지고 있다

일본으로 가는 산더미 쌀가마에 눌려
부들부들 떨리는 다리 작대기로 받치고
허기진 배 공갈빵처럼 부풀려도
창자는 달라붙고 등짝은 피 범벅이었다

등짐지고 허덕이던 아픔
부러진 다리에 철심 같이 박혀
검은 뻘밭을 뒤지고 있는데
배곯던 소리는 어느새 녹이 슬었다

쉼 없이 일 하고 굽은 다리 사이로
벌개 진 콧 망울 뽕긋 부풀어 오르는 건
주린 배 움켜쥐고 견딘 희망이다

거친 파도 이겨 내고 꿋꿋이 살아난 뻘게
눈물의 역사 바람에 날린 채
바삭바삭 단맛 나는 세상을 맛본다

군산항 뻘게 그때를 못 잊고
오늘도 뻘밭을 뒤지고 있다

- 「군산항 뻘게」 전문

 한반도 서해안 중심부인 금강 하구에 위치한 군산항은 호남의 물자가 모이는 집산지로 한때는 조선의 3대 시장의 하나였다. 물자 수송은 물론 상인들의 교역이 크게 이뤄진 도시로 일본이 호남평야에서 생산되는 쌀을 반출하는 기지였다. 화자는 뻘게를 통해서 '일본으로 가는 산더미 쌀가마에 눌려 / 부들부들 떨리는 다리 작대기로 받치고 / 허기진 배 공갈빵처럼 부풀려도 / 창자는 달라붙고 등짝은 피 범벅이었다'고 역사의 한 단면을 고발하고 있다. 기존 화물처리 위주의 항만 기능에서 벗어나 물류와 레저는 물론 문화가 어우러진 고부가가치 항만 개발에 나서야 한다는 화자의 외침을 들을 수 있다. '군산항 뻘게 그때를 못 잊고 / 오늘도 뻘밭을 뒤지고 있다'는 것은 뻘게의 뻘짓이 아니다.

  제일 먼저 보고 싶어
  뒷뜰에 숨어 널 기다린다

  벌건 얼굴 몸은 꽁꽁 얼었어도
  훌러덩 온 몸으로 맞고 싶어
  바람 불고 눈물 나도
  달빛에 몸을 달구며
  뜬 눈으로 널 기다린다

  감추려 해도 감추려 해도
  너를 향한 붉은 입술
  어찌할 수 없는 마음인 걸
  숨길수가
  숨길수가 없구나

          - 「매화는」 전문

4군자 '매난국죽梅蘭菊竹'에서도 매화는 단연 으뜸이다. 백매白梅, 홍매紅梅, 청매青梅 또는 녹매綠梅, 옥매玉梅, 납매蠟梅, 수양매水楊梅 등 종류도 많다. '감추려 해도 감추려 해도 / 너를 향한 붉은 입술 / 어찌할 수 없는 마음인 걸 / 숨길수가 / 숨길수가 없구나' 화자의 그리움에 대한 목마름을 한눈에 알 수 있다. 마지막 두 행 '숨길수가 / 숨길수가 없구나' 강조법은 그리움의 발로로 매화는 꽃이 피면 오래 매달려 있지 못해 아쉬움이 있다. 미인박명처럼… 다만 그리움 박명이 아니기를! 매화지고 나면 그 자리에 매실이 열릴 것이니, 화자는 매화 아래서 감추어 두었던 매실주 한 잔에 그리움을 잊으려나? '제일 먼저 보고 싶어 / 뒷뜰에 숨어 널 기다린다'는 심정으로?

상체기 곱씹고 씹으며
목구멍에 고인 마른 눈물 바람에 날려 없애려 해도
굳은살로 덕지덕지 붙었다

돌 사탕 물고 침만 꼴깍거리듯
이 아픔 삼킬 수 없어
입속에 오물거리며 널 생각한다

이런 게 싫다 이런 게 싫어
도끼로 찍어 내고 대패로 밀어 내려 해도
지울 수가 없구나

이왕 주어진 거
감출 수 없는 자국이라면
너에게 꽃으로 남겠다

천정에도 벽에도 동그랗게 남아
네가 눈을 뜨면 언제든 웃어 주는
꽃이 되련다

- 「옹이」 전문

　이 시에서의 옹이는 단순한 옹이가 아니다. '천정에도 벽에도 동그랗게 남아 / 네가 눈을 뜨면 언제든 웃어 주는 / 꽃이 되련다' 화자는 단단한 옹이를 노래하고 있는 것이다. 온몸이 부서지고 망가진다 해도 옹이가 되기 위한 심정을 '이왕 주어진 거 / 감출 수 없는 자국이라면 / 너에게 꽃으로 남겠다'고 일갈하고 있다. 마치 오체투지로 땅바닥을 기어가듯이 온몸으로 '도끼로 찍어 내고 대패로 밀어 내려 해도 / 지울 수가 없구나' 그런 심정으로… 지금 울퉁불퉁한 옹이에 손을 얹고 있다. 누구는 툭 튀어나온 옹이처럼 자신의 아픔을 고스란히 내보이기도 하고, 누구는 깊이 파인 옹이처럼 가슴 깊이 아픔을 감추기도 하면서 살고 있다는 것을 알고 있다는 듯이 화자는 옹이를 바라보면서 생을 반추하고 있는 것이다.

실눈으로 파란 하늘 당겨 누운 숲속
나무들은 하늘 향해 달려가고
하늘은 나무 사이로 내려와

잔잔한 바람 나뭇잎 흔들며 춤추고
나무들은 햇살에 올라 목청 높여 노래하네

하늘아 하늘아 괜찮아 아파하지 마
걱정 슬픔은 한 잎 한 잎 떨구어 낼게

나무 사이로 쏟아지는 햇살 그대 마음
　　숲을 감싼 파란 하늘 그대 사랑
　　일렁이는 가지마다 그리움
　　그댈 향해 달려가네

　　간절히 두 팔 벌린 하늘 향한 숲의 합창

　　그리운 이여
　　그리운 이여

-「숲의 노래」 전문

　나무와 나무가 간격을 좁혀 서면 푸른 숲이 되고, 나무와 나무가 가슴을 맞대고 서면 열정의 숲이 된다. 그렇기 때문에 누구나 숲에 들면 하나의 나무인 것이다. 화자는 침묵하고 있는 숲의 말을 듣고 싶어 하지만 아직도 숲의 대답을 다 듣지 못했나 보다. 그렇기 때문에 화자에게 숲은 또 하나의 삶이다. 숲을 바라보면서도 조급하지 않으며 '간절히 두 팔 벌린 하늘 향한 숲의 합창'을 생각하면서 '그리운 이여 / 그리운 이여'를 되뇌는 것이다. 뿐만 아니라 숱한 생명들이 조화를 이루는 숲의 존재를 자비의 품성을 숲에게 배우고 있다. 숲은 결국 화자가 곡진하게 모셔야 할 대상이다.

　　산 벚꽃이 나비되어 난다

　　오랜 그리움 보고 싶어
　　두꺼운 껍질 덮어 쓰고

언제 오나 언제 만날 수 있을까
마냥 마냥 기다리다
산중에 홀로 꽃을 피웠다

꽃잎은 햇살을 안고
햇살은 꽃잎에 누워
서로 어루만지며 익어 가다
뜨거운 입술 새긴 꽃잎은
팔랑 팔랑 춤을 춘다

꽃잎은 햇살을 꼭 껴안은 채
싱그런 숲길을 거닐며
따뜻한 사랑 이야기 연둣빛으로
물들이고 하얀 나비되었다

꽃잎 나비 추억으로 날며
쭉 벌린 팔 하늘을 안게 하고
흐뭇한 미소 실눈 사이를 아롱대다
내 하얀 심장을 초록으로 물들인다

— 「꽃잎 나비」 전문

 화자의 꽃잎은 사랑이자 그리움이다. 사랑은 그리움에서, 그리움은 사랑에서 연유한다. 사랑은 비현실적인 사고에 진실성을 부여하고 논리보다 더 큰 가치를 지닐 수 있음을 깨닫게 하여 존재의 근원을 이룬다. 그렇기 때문에 '꽃잎 나비'는 그리움의 실체이자 진실의 결정체며 자아와 상관물로 작용

한다. 글은 곧 사람이라는 말처럼 주제와 제재, 이미지의 활용은 간절한 대상으로 다가온다. 뿐만 아니라 인공의 가미가 전혀 없는 날것은 단맛을 향해 치닫는 여름날의 포도처럼 탱탱하다. 따라서 '꽃잎 나비'는 표현적 참신성이 돋보이는 동시에 깊은 사유의 촉수로 삶의 가닥을 감지하는 시 작품이다.

    한 줄 한 줄 쓴 편지 바위틈에 끼워 넣고
    긴 밤 세워 벌개 진 눈
    먼 수평선을 더듬는다

    울먹이다 속이 까맣게 탄
    빈 몸통은 물결 마다 울음을 쏟고
    큰 파도 철썩이면 뱃속 서러움까지 다 쏟아 낸다

    썰물 따라 나서는 빈 배
    밀물 타고 올 그대 기다리며
    오늘도 그 자리에서
    등불을 밝힌다

                                - 「격포항 등대」 전문

  어떤 시인은 등대는 바다를 지키는 충혈된 눈이라고 했고 어떤 시인은 밤을 지키는 한 마리 개라고 했다. 생각에 따라서 등대의 의미는 달라질 수 있다. 칼도 쓰임새에 따라 무기가 되기도 하고 실생활에 없어서도 안 될 필수품이 되기도 하듯이 언어 또한 쓰임새에 따라 독자들을 화가 나게 할 수도 있고 독자의 가슴에 한 모금 생명수도 될 수 있다. '썰물 따라 나서는

빈 배 / 밀물 타고 올 그대 기다리며 / 오늘도 그 자리에서 / 등불을 밝힌다'
처럼… 화자는 적요를 사랑한다. 적요의 시간 속에서 자신의 과거와 현재를
통합적으로 사유할 안목을 키우는 것이다. 성찰을 통해 확인하는 것은 화자
자신에 대한 존재론적 가치다. 등대를 통해 들여다보는 세상 풍경 속에 시
인의 상처가 곳곳에 똬리를 틀고 있다. 자기 정체성에 대한 질문과 대답이
시간 속에서 펼쳐지면서…

    축 늘어진 어깨 새벽 인력 시장 골목을
    어저께 싼 쭈글쭈글한 가방에 처자식 둘러메고
    눈에 불을 켠다

    터널 속으로 갈지 지하실 터파기로 갈지
    오늘도 허탕일지 긴 줄 끝에서
    달달한 봉지커피 한잔에 언속을 녹이며
    쓴 담배연기 깊게 빨아 빈속을 채운다

    오늘이 아니면 내일은 있겠지
    봉사원이 나눠 준 우유 하나 빵 하나
    움켜쥐고 살아야지 살아내야지 어금니 물며

    힘없이 주저앉는 핏줄에 전원을 꼽고
    해성한 머리에서 떨어지는 등줄기 눈물
    새벽바람에 닦는다

                    –「핏줄에 전원을 꼽고」 전문

현대시론에서 '메타포Metaphor'는 시인의 특유한 직관 능력의 소산으로 시의 중심적인 논의의 대상으로 존재한다. 좋은 메타포는 다른 것들 속에서 같은 것을 직관적으로 파악하는 것이다. 이는 유추를 근거로 하여 특수에서 보편으로 보편에서 특수로 또는 보편에서 보편으로, 특수에서 특수로의 변환을 파악하여 의미의 명확성 또는 호기심 등을 찾아낼 때 메타포는 힘을 갖는다. 마지막 연 '힘없이 주저앉는 핏줄에 전원을 꼽고 / 해성한 머리에서 떨어지는 등줄기 눈물 / 새벽바람에 닦는다'에 주목하면서 작품 '핏줄에 전원을 꼽고'는 시적 메타포의 선명성을 함유하고 있다.

　　　　담장에 무성한 풀꽃 걸어 놓고
　　　　잠들어 있다
　　　　고향 집은 큰 짐 진 지게처럼 작대기에
　　　　기대 숨을 고르고 있다

　　　　고양이 걸음으로 앉은 토방
　　　　바람이 무성한 마당에
　　　　하얀 민들레 따뜻하게 반겨주네

　　　　서까래 거미줄엔 옛 이야기 걸려있고
　　　　구멍이 숭숭 뚫린 문 삐꼼히 연 방안엔
　　　　쓸쓸한 그림자만 뒹군다

　　　　고향 집 마당엔
　　　　햇빛이 그리워 자식이 그리워
　　　　맨발에 가늘어진 하얀 꽃이
　　　　우두커니 서 있다
　　　　　　　　　　　　－「고향 집」 전문

화자는 고향의 추억으로부터 힘을 얻어 생명화 되고 있다. 현대화의 물결에 휩쓸려 떠내려가 버린 고향이 있는가하면 수마에 익사한 고향이 있다. 그런 고향을 복원하고 인양하기 위해 몸부림치는 실향민들이 있다. 우리들의 꿈과 영혼이 머무는 곳, 그러나 현대의 제도와 조직의 틈에서 기계처럼 살고 있는 우리들에겐 이미 먼 나라의 얘기가 되고 있는 곳이 사라진 고향이다. 화자는 죽은 고향의 혼을 불러내는 초혼의 소리를 만들고 있다. 찾아가 봐도 별 볼일 없고 멀리 있으면 눈시울이 붉어지는 것이 고향이다. '고향 집 마당엔 / 햇빛이 그리워 자식이 그리워 / 맨발에 가늘어진 하얀 꽃이 / 우두커니 서 있다' 화자의 시 '고향 집' 마지막 연에서는 고향에 대한 그리움의 절절함이 베어 나온다.

어두운 길은 두 손 꼭 잡고
고달픈 길은 꽃씨 뿌리며
함께 가자
성경책에 손을 얻고 맹세했다

보고 싶을 땐 못다 쓴 편지 한시가 급해
뿌연 먼지 날리는 버스에 실어 보내면
한달음에 안겨 참새처럼 여린 숨죽이다 새근댔다

굼벵이 득실거리는 푸세식 단칸방도 웃음꽃이었고
수십 번 이삿짐 보따리도 희망이었다
새벽 별로 지은 손바닥 밥상엔 사랑 반찬 올랐고
객지의 늦은 밤 기다림도 함께 할 수 있어 행복했다

반백년이 지난 오늘
여유도 배려도 없는 나
지친 아내는 멀리 떨어져 쉬고 싶단다

아내가 뿔났다

― 「아내가 뿔났다」 전문

　아내의 어원은 안(內)+해로 '안해'다. 집안에 뜬 해니 그 위상은 태양과 맞먹는다. 아내와 남편은 촌수로 따질 수 없어 '무촌'이다. 그러나 돌아서면 남이 될 수밖에 없는 사이다. 시 '아내가 뿔났다'는 진정한 사랑의 의미를 우리에게 되묻는다. 이 시대에서 상실되어 가는 사랑의 가치를 숭고한 위치로 되돌려 놓는 진정성은 시가 가진 힘이다. 그렇다. '아내가 뿔났다'는 화자가 가슴에 품은 말로 투명하게 빛난다. 영원불별처럼 아내에 대한 화자의 시적 감성은 지극하다. 아내는 마누라가 아니다. 와이프도 아니다. 애기 엄마도 아니다. 오늘부터 '부인님'으로 부르자. 아내의 뿔로 받치기 전에…

　이 밖에도 화자는 부모를 추억하는 정경을 시적으로 형상화하고 있다. 화자의 뇌리에는 부모에 대한 페이소스적 정감이 내포되어 있어 친근감을 유발시킨다.

　어머니에 대한 그리움이 절절한 시들은 세상의 모든 자식들의 눈시울을 붉게 만든다. '양지 바른 토방에 앉아 강아지 쓰다듬는 어머니 / 제 살길 찾아 떠난 자식 보고 싶어 / 흙 마당에 그리고 또 지운다'「선물」, '누나 낳고 나 낳고 동생 낳고 / 보릿고개 넘고 넘어 / 이제 따순 방에 허리 한번 펴나 하다 / 빈껍데기 몸이 된 어머니는 수호신이 되어'「거푸집」, '내 가슴에 못 박으면 / 너도 성할 성 싶냐 / 이놈아 //당신은 가슴을 쳤다'「못」, '봄꽃 만발한 4월 16일 소풍 간다고 / 찰진 하얀 쌀밥에 노란 단무지 돌돌 말아 김밥 두 줄 싸고 / 엄마는 잘 다녀오라며 토닥토닥 안아 주었다'「노란 눈물」, '한줄기 빛은 / 말없이 인도하는 백색 차선 / 힘들 때 찾아 위로를 받는 어머니처럼'「차선」, '아침부터 밤늦게 까지 허리 한번 펼 시간도 없이 / 시아버지 시어머니 시숙 조카들 / 줄줄이 얽힌 실타래 속을 뛰어 다니다 / 옷도 벗지 못하고 새우잠에 곯아 떨어진다'「제비꽃 엄니」, '긴 숨을 마시면 뱃속까지 들어와 / 꽃이 되고 / 두 팔 벌려 손을 내밀면 / 사뿐히 내려 앉아 반짝인다 // 한참을 멍하니 바라보면 / 어머니도 보여 주고'「고향의 별」, '투석으로 삶의 끈을 움켜잡은 / 모진 세월을 끝낸 날 2003년 7월 10일 / 그날의 어머니를 불러 본다'「어머니를 부른다」, '뱃속 피 투석실 허공을 돌고 돌아 / 까맣게 마른 어머니 / 숨을 헐떡이며 한 조각남은 소망 / 빈 의자에 남기고 가셨습니다.'「빈자리」

화자는 아버지에 대한 연민의 정을 노래하고 있다. '새끼들은 제 아궁이 불 꺼질라 껍질까지 벗겨 가 / 비에 젖고 바람에 얼어 / 84개 나이테는 하나하나 썩어 문드러져 / 텅 빈 고목이 되었다'「바보가 된 아버지」, '살며시 잡은 차갑고 힘없는 손 / 아버지는 애기 옹알이하듯 / 응얼응얼하시며 긴 숨을 내 쉰다'「아버지는 텔레비전이 좋아서 켜는 줄 알았습니다」

'부모의 사랑은 내려 갈 뿐이고 올라오는 법이 없다. 즉 사랑이란 내리사랑이므로 자식에 대한 부모의 사랑은 자식의 부모에 대한 사랑을 능가한다.' C. A. 엘베시우스의 말이다. 화자는 부모에 대한 그리움을 시적 대상으로 설정하고 연민의 정을 보내고 있다.

외에도 화자의 추억은 고향, 친구 등에서 그리움을 이미지화하여 독자들과 교감하고 있다. 뿐만 아니라 자연이나 계절과 관계된 시들이 곳곳에서 눈을 사로잡는다.

III. 에필로그

　시를 대할 때 동양화의 여백처리와 같은 의미를 발견해야 시 작품을 잘 이해한다고 볼 수 있다. 시의 행간의 여백, 여백의 의미, 의미의 진실을 포착하여 시인의 사상까지 읽음으로서 시의 맛을 느껴야 한다. 작품이 숨 쉬는 생명력이나 시적 생동감이 독자에게 다가갈 때 비로소 작품이 빛을 바라게 되는 것이다. 중복된 언어 또는 관념어의 나열은 시를 죽음으로 몰아넣는 결과라는 것을 염두에 둘 필요가 있음에 주목해야 한다. 이런 것을 상쇄하기 위해서는 시인이 절실하게 느끼고 체험한 것을 진솔하게 보여줌으로서 감동은 물론 공감의 순도가 높아짐은 말할 나위가 없다.

　지금까지 정규순시인의 시적 발로는 서정성과 감정 이입이 바늘 끝 같음을 볼 수 있다. 시집에 실린 시편들은 소박하고 단순하다. 건설인으로서 시인이 압축하여 표현한 시들은 경제발전에 한몫을 하고 있음을 여실히 증명하고 있다. 시인의 시집 '꽃잎 나비'는 자연과 사물의 내적 관념을 승화하는 시법으로 심적 모색이 현현하여 많은 공감을 유발 한다. 뿐만 아니라 상황 설정이 봄볕, 빗물, 그림자, 별, 꽃잎, 달빛, 산 그림자, 호롱불, 빈자리 등 시인의 이미지로 발현하여 작품으로 재창조되는 특성을 함께 발견한다. 이 같은 현상은 시인의 시정과 연정 등으로 시를 형상화하고 있기 때문이다.

　시를 쓴다는 것은 끝없는 번민과 회의를 반복하는 일이다. 보이지 않는 것들을 보기 위해서, 사라지는 것들을 지키기 위하여, 살아온 날들을 돌아

보면서, 살아갈 날들을 설계하면서 시인은 숱한 망설임 끝에 한편의 시를 세상에 내 놓는다. 그런 의미에서 정규순 시인의 시 작품들로 부터 따뜻한 정감과 이해 가능한 공감을 만날 수 있다. 유년과 고향에 대한 향수. 체험적 삶에 대한 인내와 사랑 등은 독자들을 사로잡기 충분하다. 시인은 시적대상의 본질을 사색과 사고를 통해 정확하게 감지하고 존재의 내면 풍경을 포착해 내는 안목이 있다. 그렇기 때문에 시인의 시적인 구도는 시인의 손끝에서 더욱 환해진다. 따라서 자신의 시세계를 모색해 대상과의 조화로운 유대를 이루는 시인이라고 볼 수 있다. 앞으로 더욱 훌륭한 작품을 써 한국문단에 일익 담당은 물론 독자들을 위무해 줄 것을 믿으며 시집 상재를 축하한다.

‖ 추천의 글1 ‖

자연과 마음과의 소곤소곤 이야기

- 한국원격대학협의회회장
- 원광디지털대학교 총장

남궁문

　정규순선생님께서 시집을 내셨다는 말씀을 듣고 저의 머릿속은 30여 년 전의 기억의 세계로 돌아갔습니다. 학창 시절 항상 새롭고 창의적인 생각 하시면서 "이런 생각 어떠냐, 앗! 특허감 아닐까 등…(웃음)" 등의 말씀을 수시로 하신 기억이 생생합니다. 그래서 건설인으로서 시집을 내시는 것은 참으로 드문 일이지만 정규순선생님께서 시집을 내셨다 소식을 저로서는 그리 충격적인 일은 아니고 언제든지 하실 수 있는 분이라는 생각이 들었습니다.

　건설현장 생활 속에서 순간순간 발생하는 자연 또는 인공적인 현상들을 그냥 놓칠 법도 한데, "현상과 마음과의 진실 된 대화"를 통해 영성적인 교감을 그대로 표현한 것은 참으로 인간미가 듬뿍 담겨있어 시를 읽어가면서 마음에 고요함을 느낄 수 있었습니다.

　"꽃잎 나비"에 담겨진 시를 음미하면서 우리 생활 속에서 일어나는 경계를 통해 삶에 희망과 활력을 얻을 수 있을 것으로 사료되어 적극 추천합니다.

‖ 추천의 글2 ‖

햇빛과 물기가 잘 어우러진 토양 속의 나무처럼

● 전) 대우건설 상무 / 금호건설 부사장
● 현) 한국건설기술인협회 상근부회장

이도희

  토목공학을 전공한 정규순 시인은 건설사 임원과 토목과 겸임교수로 강단에서 후학을 육성했고 현재는 주)글로벌 대표이사의 길을 가고 있다. 시집 '꽃잎 나비'를 출간한다는 소식을 접하고 공학전공이 문학전공으로 가는 것 같아 기쁜 마음과 아쉬운 마음이 교차되기도 했다. 그러나 시인의 시를 접하면서 인생을 얼마나 고뇌하고 염려하면서 살아 왔는지 한눈에 짐작하고도 남음이 있었다.

  정규순 시인의 시들은 압축되고 절제된 시어들로 감동 그 자체다. 음률은 콧노래가 되고 정제된 문장들은 가슴을 촉촉이 적셔주기에 충분했다. 영혼을 정화하며 가슴 속 깊이 잔잔한 파문을 일으켜 주는 시들을 한 아름 얻어 가고 싶은 마음 간절하다. 시집 '꽃잎 나비'의 시들은 싱싱한 시로 부터 완숙된 시들로 읽을수록 귀하게 느껴졌다. 봄의 목련, 여름의 장미, 가을의 산국, 겨울의 인동초 같아 한 사람의 일생을 생각게 하는 귀중한 시간이 되기도 했다. 햇빛과 물기가 잘 어우러진 토양 속의 나무처럼 독자들의 가슴마다 서늘한 그늘로 남기를 소망한다.

‖ 추천의 글3 ‖

일상에서 건져 올린 리리시즘을 추구하는 감동적인 시들

- 전) 해양수산부 항만국장
- 전) 건일엔지니어링 회장
- 현) 한국항만협회 회장

정만화

항만협회지에 연재하고 있는 정규순 시인의 시들은 감성과 지성을 조화시킨 '리리시즘Lyricism'을 추구하고 있습니다. 좋은 시는 조탁된 시어를 필두로 섬세한 표현과 이미지의 선명성을 높여 풍부한 상상력과 기발한 아이디어와 뛰어난 기법으로 써야 가능한 일입니다. 그의 시들은 감성의 용광로 속에서 인간사회의 가치들을 융합하여 생명의 존귀와 진실을 관조하고 있습니다.

시집 '꽃잎 나비'는 시인이 일상에서 건져 올린 성찰과 깨달음을 비롯하여 이웃에 대한 연민으로 흥건합니다. 요즘 시들이 지나치게 거칠어진 것과는 대조적입니다. 시어의 선택과 구성, 사물을 대하는 자세, 시를 풀어나가는 태도 등이 조화된 모습을 보여 주기 때문에 시인에 대한 믿음을 더욱 두텁게 하고 있습니다. 어느 시대나 시의 기본은 서정입니다. 세상의 구조와 인간의 삶과 인간의 꿈이 그러할 때 시적 진실은 빛납니다. 질박하면서도 품격미를 갖춘 작품들이 도처에서 빛나는 정규순 시인의 시들은 남다른 시세계를 구축하고 있어 시들이 평형을 이루고 있습니다. 출간을 축하합니다.